D1828808

DAS *Stevia!* WEIHNACHTSBACKBUCH

Bildnachweis:

dreamstime.com/Aivolie: Coverbild, Seite 57
iStockphoto.com: Seite 3, 4, 9, 10, 16/17, 19, 23, 27, 31, 35, 39, 43, 47, 51, 55, 59, 65, 71, 73, 75, 80/81, 83, 87
Peter Barci: Seite 5, 6, 7, 21, 25, 29, 33, 37, 41, 45, 49, 53, 61, 62/63, 67, 69, 77, 79, 85, 89, 91, U4
Autorinnenfoto beigestellt

Impressum:

Autorin: Gina Martin-Williams
Lektorat: Mag. Waltraud Wetzlmair-Zechner
Cover: Christian Graf-Simpson
Grafische Gestaltung: Beatrix Kutschera, www.atelier21.at
Technische Betreuung: Johann Kutschera, www.atelier21.at
Druck: Theiss GmbH, A-9431 St. Stefan
Copyright: Kneipp-Verlag GmbH und Co KG, Lobkowitzplatz 1, A-1010 Wien
www.kneippverlag.com

ISBN: 978-3-7088-0571-9

1. Auflage, September 2012

GINA MARTIN-WILLIAMS

DAS *Stevia!* WEIHNACHTSBACKBUCH

Natürlich süßen und schlank bleiben

kneipp verlag
WIEN

Vorwort

Weihnachtszeit ist für viele Menschen die schönste Zeit im Jahr. Winterliche Landschaften, Weihnachtsmärkte mit heißem Punsch, bunt geschmückte, glitzernde Christbäume und die Vorfreude auf Geschenke. Nicht zu vergessen die herrlich duftenden, leider auch kalorienreichen Kekse, Pralinen, Vanillekipferl und Lebkuchen, die sich nach den Feiertagen unliebsam auf der Waage bemerkbar machen.

So ist für viele Menschen Stevia gerade in dieser Zeit eine willkommene Alternative zu Zucker, denn Stevia enthält keine Kalorien. Die weihnachtlichen „Sünden" werden zum leichten Genuss und all jene, die auf ihre schlanke Linie achten möchten oder die gerade dabei sind, einige überschüssige Kilos zu verlieren, können – ohne ein schlechtes Gewissen zu bekommen – beherzt zugreifen. Die in dem Buch vorgestellten Rezepte werden mit Vollkornmehl und 50 Prozent weniger Fett zubereitet. Es war mir auch wichtig, die Kekse und Plätzchen unter 30 und die Pralinen und Konfekte unter 50 Kalorien pro Stück zu halten. Ein Teil der Rezepte ist ohne Ei, milchfrei und vegan.

Wenn ich dazu beitragen kann, dass sich Ihr Gewicht während und nach den Feiertagen nicht erhöht, freut mich das sehr.

Gutes Gelingen und ein schönes Fest
Gina Martin-Williams

Inhalt

Einleitung

Bis jetzt hieß es immer beim Abnehmen oder Schlankbleiben: „Süßes ist verboten!" Aber schmeckt uns der Adventkaffee oder -tee nicht am besten mit einem Stück Kuchen oder herrlich duftenden Plätzchen? Mit Stevia zu süßen, ist sicher eine Herausforderung, denn wenn man ein Stevia-Produkt als Zuckerersatz verwendet, fehlt doch einige Masse an Teig. Und wenn man noch zusätzlich die Butter reduziert, taucht die Frage auf: „Wie soll das denn gehen?" Es geht auf jeden Fall – mit etwas Geduld, Ausdauer und Umdenken. Vergleicht man die herkömmlichen Kuchen, Plätzchen und Konfekte, muss man zugeben, dass sie wahre Dickmacher sind. Es sind Mengen an Zucker und Butter enthalten. Diese Kalorien-Monster fallen bei meinen Rezepten weg.

Ein traditionelles Vanillekipferl enthält ca. 55 Kalorien.
Das Vanillekipferl in meinem Buch enthält ca. 32 Kalorien.

Der Unterschied von 23 Kalorien macht sich nach Weihnachten auf der Waage bemerkbar.

Einen zusätzlichen positiven Effekt stellen auch die Verwendung und der Einsatz von Vollkorngetreide dar. Auch in den meisten Vollkornkuchen und Plätzchen finden Sie zu viel Rohrzucker, Honig und Butter. Ich mache mir Gedanken, wie ich kalorienreduzierte Weihnachtsbäckereien und Weihnachtskuchen zustande bringe, die gut aussehen *und* gut schmecken, sodass ich täglich – vor allem aber während und nach der Weihnachtszeit – mit Genuss und ohne Reue zugreifen kann. Da ich schon seit einigen Jahren meine Weihnachtsbäckerei mit Stevia süße, gibt es keine Gewichtszunahme nach den Feiertagen. Mit meinen in diesem Buch präsentierten Rezepten ist das möglich.

Mit frisch gemahlenem Vollkornmehl zu backen, ist sicher etwas schwieriger, weil es nicht so geschmeidig wie Weißmehl ist. Aber man isst weniger davon, weil diese Bäckereien schneller sättigen und keine *leeren* Kalorien haben – Ihr Körper wird es Ihnen mit merkbarem Wohlgefühl danken. Meine Weihnachtsrezepte haben eine angenehme Süße, die nicht so stark im Vordergrund steht, sodass der Geschmack frei zur Geltung kommen kann. Das ist freilich etwas ungewohnt, weil wir sonst fast nur den Zuckergeschmack kennen. Aber je öfter Sie nach meinen Rezepten backen, desto deutlicher wird Ihnen alles andere überzuckert erscheinen. Stevia verführt geradezu dazu, das süße Leben zu schätzen oder neu zu entdecken, frei nach dem Motto: „Süßen ohne Reue!"

Mein Weihnachtsbackbuch zeigt,

- wie mit Stevia statt mit Zucker gesüßt wird
- wie Alternativen zu Butter und Öl verwendet werden
- wo man bis zu 50 % Fett reduzieren kann
- wie mit frisch gemahlenem Vollkornmehl gearbeitet wird
- wo man Soja und leichte Milchprodukte verwendet
- wie die besten Weihnachtsrezepte gelingen

Stevia

Da es in meinem Buch um die Anwendung von Stevia-Produkten geht, möchte ich hier kurz auf die mittlerweile schon gut bekannte Pflanze Stevia eingehen. Für detaillierte Informationen verweise ich auf die zahlreichen Publikationen im gut sortierten Buchhandel.

Wissenswertes über die Pflanze „Stevia Rebaudiana Bertoni"

Die Pflanze „Stevia Rebaudiana Bertoni", auch Süßkraut, Süßblatt oder Honigkraut genannt, ist eine krautartige, blattreiche Pflanze, die seit Jahrhunderten in Südamerika bekannt ist. Insgesamt gibt es in Südamerika rund 230 Stevia-Arten, aber nur „Stevia Rebaudiana Bertoni" ist mit einem extrem hohen Gehalt an kalorienfreien Süßstoffen ausgestattet.

Traditionelle Verwendung von Stevia als Süßungsmittel

Stevia wird zurzeit in vielen Teilen von Brasilien, Paraguay, Uruguay, in Zentralamerika, Israel, Thailand, Japan und der Volksrepublik China angebaut. Seit Jahrhunderten wird Stevia von der indigenen Bevölkerung Paraguays und Brasiliens als Süßstoff verwendet. Die Guaraní-Indianer nennen es „ka'a he'ê" und nutzen es, um ihren Mate-Tee zu süßen. Ebenso wird es zum Süßen anderer Tees und Nahrungsmittel verwendet. In Japan wird Stevia seit mehr als 30 Jahren als Süßungsmittel in diversen Nahrungsmitteln wie Brot, Säften, Bier, Schokolade, Kaugummis, eingelegtem Gemüse, Tees u. v. m. eingesetzt, ohne dass irgendwelche negativen Auswirkungen durch den Verzehr bekannt wären.

Auch für Diabetiker oder zur Diabetes-Prophylaxe ist Stevia als wirkungsvolle Alternative bekannt. Der Grund: Stevia erzeugt keine Ausschüttung von Insulin. In Brasilien ist Stevia als Heilmittel für Diabetiker anerkannt.

Die Verbreitung von Stevia und Stevia-Produkten schreitet aufgrund der hohen Süßkraft und der positiven Auswirkungen auf die Gesundheit rasend schnell voran. Außerhalb der EU wird

Stevia als Lebensmittel oder als Lebensmittelzusatzstoff schon seit Langem eingesetzt. Und seit Kurzem ist Stevia-Süßstoff auch in der EU als Lebensmittelzusatzstoff zugelassen.

Der Süßgeschmack von Stevia-Produkten ist im Vergleich zu Kristall- oder Staubzucker unterschiedlich. Die Süßwirkung von Stevia ist von der Konsistenz und der Temperatur der Speisen oder Getränke abhängig. Stevia ist sowohl Geschmacksverstärker als auch naturnaher Süßstoff. Grundsätzlich entfaltet sich die Süße von Stevia-Produkten zeitverzögert im Vergleich zu Haushaltszucker, dafür hält der Süßgeschmack länger an und bringt den Eigengeschmack besser zur Geltung.

Sie können bei Ihren Speisen vorerst einen Teil des Zuckers mit Stevia-Produkten ersetzen, und je nachdem, wie Ihnen der Geschmack und die Konsistenz der zubereiteten Speisen oder Getränke gefallen, den Anteil an Stevia verringern oder erhöhen.

Inhaltsstoffe von Stevia

Hauptbestandteil von „Stevia Rebaudiana Bertoni" sind Kohlenhydrate, die aber vom menschlichen Körper nicht aufgenommen werden können und somit auch keine Kalorienbelastung verursachen. Der Genuss naturnaher Süße, ohne auf die Kalorien achten zu müssen, ist auch der Grund für die enorm schnelle Verbreitung von Stevia-Produkten in der Lebensmittelbranche. Neben wertvollen pflanzlichen Proteinen und Ölen sowie Faserstoffen beinhalten einige Stevia-Produkte auch diverse Mineralstoffe, Spurenelemente und Vitamine, wie etwa Kalzium, Kalium, Beta-Karotin, Chrom, Kobalt, Eisen, Magnesium, Mangan, Phosphor, Selen, Silicium, Zink, Vitamin C sowie weitere wertvolle Vitamine und Wirkstoffe wie Riboflavin, Thiamin (Vitamin B1), Niacin oder Austroinulin.

Bereits vor dem Ersten Weltkrieg beschäftigten sich Wissenschafter in Deutschland mit den Inhaltsstoffen von Stevia und definierten zwei Substanzen, die eine enorme Süßkraft besitzen. Zum einen ist dies Eupatorin und zum anderen Rebaudin. Sie wurden 1924 offiziell von der „Internationalen Union der Chemie" in Kopenhagen als Steviosid aufgenommen (Kobert 1915; Bell 1954; Felippe 1977; Aguiar 1987). Weitere Untersuchungen in den letzten 40 Jahren zeigen, dass die Süßkraft von Stevia auf die verschiedenen Steviolglykoside (auch Diterpenglykoside) zurückzuführen ist. Den Hauptbestandteil davon bildet das Steviosid, weitere Glykoside sind Rebaudiosid A, B, C, D, E sowie das Dulcosid A und B, welches aber ident mit dem Rebaudiosid A ist.

Stevia-Produkte und ihre Anwendungsmöglichkeiten

Stevia-Produkte sind in gut sortierten Reformhäusern und Bio-Läden erhältlich.

Stevia-Pflanze – frische Blätter: In gut sortierten Gärtnereien erhält man Stevia als Steckling, gewachsene Pflanze oder als Samen für den eigenen Anbau. Die frischen Blätter sind ideal zum Süßen von Tee oder zur Herstellung eigener Stevia-Produkte.

Stevia-Blätter – im Ganzen, Feinschnitt oder als grünes Pulver: Als Stevia-Tee, zum Süßen von Tee, Salaten, diversen Rezepten, zum Herstellen von natürlichem Süßextrakt mit allen Inhaltsstoffen für die weitere, süße Verwendung, für das Badewasser oder als Maske für Gesicht und Dekolleté.

Stevia-Tabs – kleine, gepresste Stevia-Tabletten: Zum Süßen von warmen und kalten Getränken wie Tee und Kaffee oder Fruchtsäften. Sie lösen sich etwas langsamer als herkömmliche Süßstoffe auf.

Stevia-Granulat (Steviosid) – pulverisierte Form, ohne Bitterstoffe: Zum Süßen/Backen von Mehlspeisen, Torten, diversen Süßspeisen, Salaten, eingelegtem Gemüse, für Joghurt, Getränke u. v. m. Stevia-Granulat ist backfest, löst sich in allen Flüssigkeiten und hat eine Süße von ca. 1:10 im Vergleich zu Haushaltszucker.

Stevia-Fluid – flüssiges, klares Extrakt: Zum Süßen von Heißgetränken, auch kalten Getränken, Obst und Beeren, Marmelade, selbst gemachtem Eis, Pudding etc. Kann auch 1:1 anstelle von herkömmlichen Flüssigsüßmitteln verwendet werden.

Stevia-Sirup – grünlich-brauner, zäher Extrakt: Vollwertiger Extrakt aus dem Blatt mit allen Inhaltsstoffen der Pflanze. Erinnert geschmacklich an Süßholz (Lakritze). Zum Süßen von Tee, Kaffee, Säften etc.

Wie süß muss es sein? Wie viel Stevia braucht man?

Die Stevia-Mengenangaben in diesem Buch beziehen sich auf das Produkt, das ich bei den Rezepten verwendet habe (siehe Anhang).

Ich verwende seit Jahren das gleiche Stevia-Produkt. Die besten Erfahrungen die Süße, den Geschmack, die Verarbeitbarkeit und das Gelingen betreffend habe ich mit einem Stevia-Produkt aus Österreich gemacht. Es enthält über 80 % Rebaudiosid A – das ist der süßeste Inhaltsstoff des Stevia-Blattes – und ist keineswegs bitter, sondern zeichnet sich durch eine wunderbare Süße ohne Nachgeschmack aus. Ballaststoffe (Präbiotika) sorgen zudem für eine gute Verträglichkeit. Die hohe Qualität erklärt auch den etwas höheren Preis.

ANWENDUNGSMÖGLICHKEITEN VON STEVIA

- Zum Süßen von Getränken
- Als Süßungsmittel zum Backen
- Als Geschmacksverstärker und Süßstoff für folgende Produkte: Brot, Säfte, Beeren, Süßigkeiten, Kaugummis, eingelegtes Gemüse, eingekochte Früchte u. v. m.
- Als Mittel gegen Diabetes und Bluthochdruck (Brasilien)
- Zur Unterstützung der Verdauung
- Zur äußerlichen Behandlung von Wunden
- Zur Minderung von Entzündungen im Mund- und Rachenbereich sowie gegen Zahnfleischbluten

Nach meinen Erfahrungen, natürlich auch nach meinem Geschmack, lautet die Dosierung meines verwendeten Produkts:

1 gehäufter TL Stevia-Granulat = 30 – 35 g Zucker

Im Handel wird auch Stevia mit 300-facher Süße von Zucker angeboten. Diese Produkte enthalten oft Bitterstoffe mit Lakritzen-Nachgeschmack. Greifen Sie auf Produkte, die mit dem Mengenverhältnis 1:10 angeboten werden, zurück. Kosten Sie die Grundmasse, bevor Sie nachsüßen, denn die Zutaten bestimmen auch, wie viel Stevia man braucht (Mehl verlangt mehr Stevia). Beginnen Sie beim Nachsüßen mit 1/2 bis 1 gehäuftem Teelöffel Stevia-Granulat.

Grundsätzlich entfaltet sich die Süße von Stevia-Produkten etwas zeitverzögert im Vergleich zu Haushaltszucker.

Es braucht ein bisschen Übung, aber wenn Sie immer das gleiche Produkt verwenden, kann nichts schiefgehen.

Eine „Bittererfahrung“ macht man interessanterweise oft mit Produkten, die als besonders süß beworben werden. Dies liegt meistens an der Rezeptur mit deutlich weniger Rebaudiosid.

Hilfreiche Tipps, damit die Weihnachtsbäckerei gelingt

- Verwenden Sie nach Möglichkeit eine Silikonunterlage und einen Silikonteigroller, es erleichtert das Backen. Den Großteil der Kekse habe ich in der Küchenmaschine zubereitet. Auch das erleichtert die Arbeit.
- Der Feinheitsgrad der Vollkorn-Mehlsorten kann unterschiedlich sein, deshalb kann die Flüssigkeitsmenge leicht variieren und der Teig zu trocken (fest) oder zu feucht (weich) sein. Das kann gut ausgeglichen werden, indem man bei zu festem Teig Flüssigkeit in Form von Milch, Wasser oder etwas Fett zugibt, und Mehl bei zu feuchtem Teig. Oft ist es ausreichend, bei zu trockenem bzw. zu festem Teig die Hände mit kaltem Wasser zu befeuchten und die kleinen Stücke, die vom Teig genommen werden, kurz mit der Hand durchzukneten und auszurollen.
- Nehmen Sie Butter bzw. Margarine 15 bis 20 Minuten vor dem Verarbeiten aus dem Kühlschrank, so lässt sie sich besser glatt rühren.
- Alle Rezepte – wenn nicht anders angegeben – sind mit Umluft (Heißluft) gebacken. Die Temperatur und die Zeitangaben sind Richtwerte, denn es kommt auf den Backofen, die Form- und die Stärke der Kekse bzw. Kuchen an.
- 1 TL Stevia bezieht sich auf einen leicht gehäuften Teelöffel und kann bis zu 1 1/2 TL bei dem Stevia-Produkt, das ich verwendet habe, erhöht werden. Kosten Sie immer vorher die Teigmasse, bevor Sie nachsüßen (1 leicht gehäufter TL Stevia-Granulat = 30 bis 35 g Zucker).
- Beginnen Sie 6 bis 10 Tage vor dem Verzehr mit dem Backen, die Vollkorn-Kekse schmecken frisch am besten. Bewahren Sie die Kekse in einer Dose oder in einer Schachtel zugedeckt und in einem kühlen Raum auf. Man kann die Kekse auch einfrieren. Bei der Haltbarkeit habe ich keinen Unterschied gegenüber traditionellen Keksen bemerkt.
- Alle Angaben über Kalorien sind nach bestem Wissen ermittelt und als Richtwerte anzusehen.
- Das im Buch verwendete Stevia-Granulat finden Sie im Anhang.
- Seien Sie kreativ, auch wenn es nicht gleich beim ersten Mal klappt. Es kann nichts passieren; es lohnt sich auf jeden Fall, es noch einmal zu probieren.

BACKZUBEHÖR:

1 Silikon-Kastenform:
Man erspart sich das Einfetten und es bleibt nichts kleben

1 Set Silikon-, Muffins- oder Törtchenformen

1 Silikon-Gugelhupfform

1 Silikon-Teigspachtel

1 Silikon-Teigunterlage

1 Küchenwaage mit Grammanzeige

1 Handmixer

2 Rührschüsseln

1 Messbecher

1 Pürierstab

Ideal und nützlich sind auch:

1 kleine Küchenmaschine

1 Cutter:
Zerkleinert Nüsse, Mandeln, auch zum Pürieren geeignet. In meinen Rezepten werden Nüsse, Mandeln und Zimt frisch gemahlen.

1 kleine Getreidemühle:
Frisches Mehl duftet hervorragend! Getreide kann man auch im Bio-Laden oder Reformhaus mahlen lassen. Abgepacktes Vollkornmehl kauft man am besten im Bio-Laden, Reformhaus oder in einer Vollkornbäckerei.

1 Getreideflockenmühle:
Nicht notwendig, aber eine Überlegung wert. Für Kekse, Schnitten und Müsli.

MENGENANGABEN:

1 EL Agavendicksaft: 12 g
1 EL Apfelmus (Apfelbrei): 20 g
1 EL Kakao: 8 g
1 EL Kokosraspel: 5 g
1 EL Milch: 11 g
1 EL Öl: 6 g
1 EL Reissirup: 14 g
1 EL Rum: 5 g
1 TL Stevia-Granulat: 3 – 4 g
1 EL Topfen (Quark): 17 g
1 Pkg. Weinsteinbackpulver: 16 g
1 Pkg. Trockenhefe: 7 g)

ABKÜRZUNGEN:

EL = Esslöffel (Suppenlöffel)
g = Gramm
l = Liter
Min. = Minute
ml = Milliliter
Msp. = Messerspitze
Pkg. = Packung
Std. = Stunde
TL = Teelöffel (Kaffeelöffel)

GLOSSAR

Busserl – Makronen
Gugelhupf – Napfkuchen
Kekse – Plätzchen
Marillen – Aprikosen
Marmelade – Konfitüre
Orangen – Apfelsinen
Topfen – Quark
Brösel – Paniermehl

Kekse & Plätzchen

Anisplätzchen

ZUTATEN

70 g Pflanzenmargarine (Butter)
1 TL Anis, in einem Mörser zerstoßen
1 EL Öl
3 – 4 TL Stevia-Granulat
200 g Vollkorn-Weizenmehl
1 Ei
30 ml Sojamilch (Magermilch)
Eiweiß zum Bestreichen
2 EL Anis (ganz) zum Bestreuen

ZUBEREITUNG

1 Margarine, Anis, Öl und Stevia glatt rühren, mit Mehl vermischen und Ei unterrühren. Zum Schluss Milch dazugeben, bis ein geschmeidiger Teig entsteht.

2 Teig zu einer Kugel formen, in eine Klarsichtfolie wickeln und 1/2 bis 1 Stunde in den Kühlschrank stellen.

3 Arbeitsfläche mit etwas Mehl bestauben und Backblech mit Backpapier auslegen. Kleine Stücke vom Teig nehmen, ausrollen und ausstechen. Mit Eiweiß bestreichen und mit Anis bestreuen.

4 Im vorgeheizten Backofen bei 190 Grad ca. 10 Minuten backen.

Stücke:	*77, Ø 4 cm*
Vorbereitung:	*10 Minuten*
Backzeit:	*ca. 10 Minuten*
Pro Stück:	*ca. 18 kcal*

Ohne Ei	Milchfrei	Vegan
	✔	

Tipp: Der Anisgeschmack entwickelt sich nach 2 bis 3 Stunden.

Hirsekekse

ZUTATEN

60 g Butter
140 g gemahlene Hirse
60 g Vollkorn-Weizen- oder -Dinkelmehl
4 TL Stevia-Granulat
Zitronenschale von 1/2 Zitrone
2 Eigelb
20 ml Milch
Getrocknete Cranberrys oder halbierte Kirschen zum Belegen

ZUBEREITUNG

1 Butter erwärmen, bis sie flüssig ist. Auskühlen lassen.

2 Hirse, Mehl, Stevia und Zitronenschale vermengen und Eigelb untermischen. Anschließend flüssige Butter und Milch unterrühren, bis ein glatter Teig entsteht.

3 Teig zu einer Kugel formen, Backblech mit Backpapier auslegen und kleine Stücke vom Teig nehmen. Auswalken, ausstechen, mit einer Cranberry oder einer halbierten Kirsche belegen und leicht andrücken (oder mit Eiweiß bestreichen und mit einer Cranberry belegen). Im vorgeheizten Backofen bei 180 Grad ca. 12 Minuten backen.

Stücke:	*76, Ø 3,5 cm*
Vorbereitung:	*15 Minuten*
Backzeit:	*ca. 12 Minuten*
Pro Stück:	*ca. 18 kcal*

Ohne Ei	Milchfrei	Vegan

Sandplätzchen

ZUTATEN

60 g Pflanzenmargarine (Butter)
1 EL Haselnussöl oder neutrales Öl
1 TL Bourbon-Vanillepulver
Schale von 1/2 Zitrone
4 TL Stevia-Granulat
220 g Vollkorn-Einkorn- oder -Dinkelmehl
30 ml Sojamilch (Vollmilch)
Marillenmarmelade (Aprikosenkonfitüre) zum Bestreichen
15 g gemahlene Haselnüsse und
15 g gehackte Haselnüsse zum Belegen

Stücke:	*48*
Vorbereitung:	*10 Minuten*
Ruhezeit:	*1/2 – 1 Stunde*
Backzeit:	*ca. 12 Minuten*
Pro Stück:	*ca. 30 kcal*

Ohne Ei	Milchfrei	Vegan
		✔

ZUBEREITUNG

1 Margarine, Öl, Vanille, Zitronenschale und Stevia glatt rühren und mit dem Mehl vermischen. Anschließend Milch unterrühren und den Teig zu einer Kugel formen.

2 Backblech mit Backpapier auslegen. Kleine Stücke vom Teig nehmen, ausrollen, ausstechen und im vorgeheizten Backofen bei 180 Grad ca. 12 Minuten backen. Auskühlen lassen.

3 Plätzchen mit Marmelade dünn bestreichen. Gemahlene und gehackte Haselnüsse vermischen und Kekse mit der Marmeladenseite in die Haselnüsse oder in Mandelblättchen drücken.

Dinkel-Lebkuchen-Taler

ZUTATEN

200 g Vollkorn-Dinkelmehl
100 g gemahlene Mandeln
5 – 6 TL Stevia-Granulat
3 EL Lebkuchengewürz
1 TL Zimtpulver
1 EL Weinsteinbackpulver
Schale von 1 Orange
1 TL Bourbon-Vanillepulver
40 g Aranzini
40 g Butter
60 g Reissirup oder Agavendicksaft
1 Ei
Eiweiß zum Bestreichen
Halbierte und geschälte Mandeln zum Belegen

Stücke:	*75*
Vorbereitung:	*20 Minuten*
Ruhezeit:	*2 – 4 Tage*
Backzeit:	*7 – 8 Minuten*
Pro Stück:	*27 kcal*

Ohne Ei	Milchfrei	Vegan

ZUBEREITUNG

1 Mehl, Mandeln, Stevia, Lebkuchengewürz, Zimt, Backpulver, Orangenschale, Vanille und Aranzini vermischen und in der Mitte eine Mulde machen. Butter in kleine Stücke schneiden. Anschließend in die Mulde Reissirup, Ei und Butter hinzufügen. Teigmasse dann 10 Minuten in der Küchenmaschine zu einem Teig verkneten. Teig mit der Hand zu einer Kugel formen und in eine Klarsichtfolie wickeln.

2 2 bis 4 Tage im Kühlschrank aufbewahren. Teig eine Stunde vor dem Verarbeiten aus dem Kühlschrank nehmen.

3 Backblech mit Backpapier auslegen. Kleine Stücke vom Teig nehmen, ausrollen und Taler ausstechen. Wenn der Teig zu bröselig ist, Hände mit kaltem Wasser befeuchten und zusammendrücken. Mit Eiweiß bestreichen und mit Mandeln belegen. Im vorgeheizten Backofen bei 190 Grad 7 bis 8 Minuten backen.

Benötigt eine längere Vorbereitungszeit.

Tipp: Lebkuchen in einer Dose mit Apfelspalten 1 bis 2 Tage aufbewahren, bis der Lebkuchen weich wird. Anschließend Apfelspalten entfernen.

Mehrkornkekse

ZUTATEN

50 g Pflanzenmargarine (Butter)
30 g Mandelöl oder neutrales Öl
Zitronenschale von 1/2 Zitrone
4 TL Stevia-Granulat
1/2 TL Bourbon-Vanillepulver
110 g Vollkorn-Weizen- oder -Dinkelmehl
50 g Vollkorn-Dinkelschrot
50 g ungesüßte Vollkorn-Haferflocken
30 g gehobelte Mandeln
1 Ei
Kokosraspeln zum Bestreuen

ZUBEREITUNG

1 Margarine, Öl, Zitronenschale, Stevia und Vanille glatt rühren. Mehl, Dinkelschrot, Haferflocken und Mandeln vermengen, mit der Masse vermischen und zum Schluss das Ei unterrühren.

2 Teig mit der Hand zu einer Kugel formen, in eine Klarsichtfolie wickeln und 1/2 bis 1 Stunde in den Kühlschrank stellen. Backblech mit Backpapier auslegen und kleine Stücke vom Teig nehmen. Etwa 4 mm dick ausrollen, ausstechen und mit Kokosraspeln bestreuen.

3 Im vorgeheizten Backofen bei 190 Grad ca. 15 Minuten backen.

Stücke:	*50, Ø 4 cm*
Vorbereitung:	*15 Minuten*
Ruhezeit:	*1/2 – 1 Stunde*
Backzeit:	*ca. 15 Minuten*
Pro Stück:	*ca. 31 kcal*

Ohne Ei	Milchfrei	Vegan
	✔	

Dinkel-Vanillekipferln

ZUTATEN

200 g Vollkorn-Dinkelmehl
100 g gemahlene Haselnüsse
3 – 4 TL Stevia-Granulat
1 1/2 TL Bourbon-Vanillepulver
80 g Butter
3 – 4 EL Wasser oder Milch

ZUBEREITUNG

1. Mehl, Haselnüsse, Stevia und Vanille vermengen. Anschließend mit Butter und Wasser zu einem glatten Teig verkneten. Mit der Hand eine Kugel formen, in eine Folie wickeln und 1 Stunde in den Kühlschrank stellen.
2. Backblech mit Backpapier auslegen. Kleine Stücke vom Teig nehmen und ca. 5 mm dick ausrollen. Mit einer Kipferlform Kipferln ausstechen und im vorgeheizten Backofen bei 180 Grad ca. 10 Minuten backen.

Stücke:	*56*
Vorbereitung:	*15 Minuten*
Ruhezeit:	*1 Stunde*
Backzeit:	*ca. 10 Minuten*
Pro Stück:	*ca. 32 kcal*

Ohne Ei	Milchfrei	Vegan
✔		

Tipp: Nach Belieben beide Enden der Kipferln in flüssige Schokolade tunken.

Zitronenschiffchen

ZUTATEN

70 g Pflanzenmargarine
1 EL Öl
4 TL Stevia-Granulat
Schale und Saft von 1 Zitrone
200 g Vollkorn-Einkorn- oder -Weizenmehl
30 g gemahlene Mandeln
35 g Bitterkuvertüre oder weiße Kuvertüre
10 g Kokosfett
Fein gehacktes Zitronat oder bunte Dekorkugeln zum Bestreuen

ZUBEREITUNG

1 Margarine, Öl, Stevia und Zitronenschale glatt rühren. Mehl und Mandeln vermengen, mit der Teigmasse vermischen und zum Schluss Zitronensaft unterrühren.

2 Backblech mit Backpapier auslegen. Teig zu einer Kugel formen, kleine Stücke vom Teig nehmen, ausrollen und Schiffchen ausstechen. Im vorgeheizten Backofen bei 180 Grad ca. 9 Minuten backen. Auskühlen lassen.

3 Kuvertüre und Kokosfett im Wasserbad erwärmen, bis sie flüssig sind. Kekse dünn bestreichen und mit Zitronat oder bunten Dekorkugeln bestreuen.

Stücke:	*72, 6 x 3 cm*
Vorbereitung:	*10 Minuten*
Backzeit:	*ca. 9 Minuten*
Pro Stück:	*ca. 22 kcal*

Ohne Ei	Milchfrei	Vegan
		✔

Tipp: Anstelle der Schokolade können die Schiffchen vor dem Backen auch mit Eiweiß bestrichen und mit gehacktem Zitronat belegt werden.

Butterbrezerln

ZUTATEN

100 g Butter
1 EL Öl
5 TL Stevia-Granulat
230 g Vollkorn-Weizen- oder -Dinkelmehl
1 EL Weinsteinbackpulver
1 Ei
20 g Sojacreme
Flüssige Butter zum Bestreichen

ZUBEREITUNG

1 Butter, Öl und Stevia glatt rühren. Mehl mit Backpulver vermengen und mit der Buttermasse vermischen. Anschließend Ei und Sojacreme unterrühren, bis ein glatter Teig entsteht.

2 Backblech mit Backpapier auslegen. Kleine Stücke vom Teig nehmen, ausrollen und mit einer Brezerlform ausstechen. Im vorgeheizten Backofen bei 190 Grad 13 bis 15 Minuten backen und auskühlen lassen. Nach Bedarf mit flüssiger Butter bestreichen.

Stücke:	*53, 6 x 4 cm*
Vorbereitung:	*10 Minuten*
Backzeit:	*13 – 15 Minuten*
Pro Stück:	*ca. 27 kcal*

Ohne Ei	Milchfrei	Vegan

Tipp: Um den Buttergeschmack zu intensivieren, können noch zusätzlich 4 bis 6 Tropfen Butteraroma untergemischt werden.

Linzeraugen

ZUTATEN

230 g Vollkorn-Weizen- oder -Dinkelmehl
4 TL Stevia-Granulat
1/2 TL Bourbon-Vanillepulver
Schale von 1/4 Zitrone
1 Ei
60 g Pflanzenmargarine (Butter)
Marmelade (Konfitüre) nach Wahl zum Bestreichen

ZUBEREITUNG

1 Mehl, Stevia, Vanille und Zitronenschale vermengen und in der Mitte eine Vertiefung drücken. Ei hinzufügen und vermischen. Anschließend Margarine in kleine Stücke schneiden und in den Teig einarbeiten. 1 Stunde in den Kühlschrank stellen.

2 Teig halbieren, Arbeitsfläche mit Mehl bestauben, kleine Stücke vom Teig nehmen, ausrollen und runde Scheiben ausstechen. Aus einer Hälfte des Teiges Kekse mit jeweils drei Augen ausstechen.

3 Backblech mit Backpapier auslegen und Kekse im vorgeheizten Backofen bei 190 Grad 10 bis 12 Minuten backen. Vollständig auskühlen lassen.

4 Die untere Seite der Kekse dünn mit Marmelade bestreichen und mit den gelochten Scheiben zusammensetzen.

Stücke:	*58, Ø 4 cm*
Vorbereitung:	*15 Minuten*
Ruhezeit:	*1 Stunde*
Backzeit:	*10 – 12 Minuten*
Pro Stück:	*ca. 21 kcal*

Ohne Ei	Milchfrei	Vegan
	✔	

Sterntaler

ZUTATEN

60 g Pflanzenmargarine (Butter)
4 TL Stevia-Granulat
1 EL Öl
Orangenschale von 1/2 Orange
1/2 TL Bourbon-Vanillepulver
1 Msp. Lebkuchengewürz
1 Msp. Kardamom
200 g Vollkorn-Dinkelmehl
30 g gemahlene Mandeln
30 ml Sojamilch (Vollmilch)
Blattgold zum Bestreuen

ZUBEREITUNG

1. Margarine, Stevia, Öl, Orangenschale, Vanille, Lebkuchengewürz und Kardamom glatt rühren. Mehl und Mandeln vermengen, mit der Masse vermischen und die Milch unterrühren. Den Teig zu einer Kugel formen und 1/2 Stunde in den Kühlschrank stellen.
2. Backblech mit Backpapier auslegen. Kleine Stücke vom Teig nehmen, ausrollen und Sterne ausstechen.
3. Im vorgeheizten Backofen bei 190 Grad 8 bis 10 Minuten backen. Auskühlen lassen. Anschließend mit Blattgold bestreuen.

Stücke:	*77*
Vorbereitung:	*15 Minuten*
Backzeit:	*ca. 8 – 10 Minuten*
Ruhezeit:	*1/2 Stunde*
Pro Stück:	*ca. 18 kcal*

Ohne Ei	Milchfrei	Vegan
		✔

Bananenkekse

ZUTATEN

1 Banane (180 g)
Zitronensaft von 1/2 Zitrone
30 ml Milch
1 EL Rum
80 g Butter
1 EL Öl
4 TL Stevia-Granulat
1/2 TL Bourbon-Vanillepulver
300 g Vollkorn-Dinkelmehl
30 g Stevia-Schokolade oder Bitterkuvertüre
10 g Kokosfett

Stücke:	*79, 5 x 3 cm*
Vorbereitung:	*15 Minuten*
Backzeit:	*13 – 15 Minuten*
Pro Stück:	*ca. 25 kcal*

Ohne Ei	Milchfrei	Vegan
✔		

ZUBEREITUNG

1 Banane in kleine Stücke schneiden, mit Zitronensaft, Milch und Rum pürieren und auf die Seite stellen.

2 Butter, Öl, Stevia und Vanille glatt rühren und Mehl untermischen, anschließend Bananenmilch unterrühren.

3 Teig zu einer Kugel formen, Backblech mit Backpapier auslegen. Kleine Stücke vom Teig nehmen, ausrollen, Kekse ausstechen und im vorgeheizten Backofen bei 190 Grad 13 bis 15 Minuten backen und auskühlen lassen.

4 Schokolade und Kokosfett im Wasserbad erwärmen, bis alles flüssig ist. Leicht auskühlen lassen. Kekse schräg in die Schokolade tunken und fest werden lassen.

Cantuccini

ZUTATEN

30 g Butter
220 g Vollkorn-Weizen-
oder -Dinkelmehl
1/2 TL Bourbon-Vanillepulver
3 – 4 TL Stevia-Granulat
20 g Reissirup oder Agavendicksaft
1 großes Ei
4 – 6 Tropfen Bittermandelöl
2 EL Mineralwasser
80 g ganze Mandeln

ZUBEREITUNG

1 Butter erwärmen, bis sie flüssig ist. Auskühlen lassen. Mehl, Vanille, Stevia, Reissirup, Ei, Bittermandelöl und flüssige Butter zu einem glatten Teig verkneten. Mineralwasser hinzufügen und zum Schluss die Mandeln einarbeiten.

2 Den Teig in drei Teile schneiden, Rollen formen und leicht flachdrücken. In eine Klarsichtfolie wickeln und 2 Stunden in den Kühlschrank stellen.

3 Backblech mit Backpapier auslegen und die Rollen im vorgeheizten Backofen bei 200 Grad 15 bis 20 Minuten backen. Auskühlen lassen. Schräg in ca. 1 1/2 cm dicke Scheiben schneiden, auf das Backblech legen und noch einmal 10 bis 15 Minuten bei 200 Grad backen.

Stücke:	*33*
Vorbereitung:	*10 Minuten*
Ruhezeit:	*2 Stunden*
Backzeit:	*30 – 35 Minuten (insgesamt)*
Pro Stück:	*ca. 45 kcal*

Ohne Ei	Milchfrei	Vegan

Sesamplätzchen

ZUTATEN

60 g schwarzer Sesam
70 g Pflanzenmargarine (Butter)
1 EL geröstetes Sesamöl
3 TL Stevia-Granulat
190 g Vollkorn-Dinkelmehl
40 ml Sojamilch (Vollmilch)

ZUBEREITUNG

1 Sesam ohne Fett rösten.

2 Margarine, Öl und Stevia glatt rühren.

3 Mehl und Sesam vermengen. Anschließend mit der Masse vermischen und zum Schluss mit der Sojamilch zu einem glatten Teig verkneten.

4 Teig 30 Minuten in den Kühlschrank stellen. Anschließend kleine Stücke vom Teig nehmen, ausrollen und Kekse ausstechen. Backblech mit Backpapier auslegen und im vorgeheizten Backofen bei 220 Grad 9 bis 12 Minuten knusprig backen.

Stücke:	*55, Ø 4 cm*
Vorbereitung:	*15 Minuten*
Ruhezeit:	*30 Minuten*
Backzeit:	*9 – 12 Minuten*
Pro Stück:	*ca. 29 kcal*

Ohne Ei	Milchfrei	Vegan
		✔

Tipp: Sesamöl wird verwendet, um den Geschmack zu intensivieren, es kann auch neutrales Öl verwendet werden. Schwarzer Sesam kann durch hellen Sesam ersetzt werden.

Kürbiskernplätzchen

ZUTATEN

60 g Pflanzenmargarine (Butter)
1 EL Kürbiskernöl
3 – 4 TL Stevia-Granulat
Zitronenschale von 1/2 Zitrone
1 Eigelb
120 g Vollkorn-Weizen- oder -Dinkelmehl
85 g gemahlene Kürbiskerne
Eiweiß zum Bestreichen
Ganze Kürbiskerne zum Belegen

ZUBEREITUNG

1 Margarine, Öl, Stevia und Zitronenschale glatt rühren und zum Schluss Eigelb unterrühren.

2 Mehl und gemahlene Kürbiskerne vermengen und mit der Masse vermischen, bis ein glatter Teig entsteht. 1 bis 2 Stunden in den Kühlschrank stellen.

3 Backblech mit Backpapier auslegen. Kleine Stücke vom Teig nehmen, vorsichtig ausrollen und ausstechen. Kekse mit Eiweiß bestreichen und mit einem Kürbiskern belegen.

4 Im vorgeheizten Backofen bei 190 Grad 7 bis 8 Minuten backen.

Stücke:	*78, Ø 4 cm*
Vorbereitung:	*15 Minuten*
Ruhezeit:	*1 – 2 Stunden*
Backzeit:	*7 – 8 Minuten*
Pro Stück:	*ca. 22 kcal*

Ohne Ei	Milchfrei	Vegan
	✔	

Tipp: Wenn der Teig zu fest ist, 1 bis 2 EL Milch, Öl oder Wasser untermischen.

Schokolade-Pistazien-Ringe

ZUTATEN

70 g Pflanzenmargarine (Butter)
1 EL Öl
4 TL Stevia-Granulat
1/2 TL Bourbon-Vanillepulver
1 EL Kakaopulver
200 g Vollkorn-Weizen- oder -Dinkelmehl
30 g gemahlene Mandeln
25 ml Sojamilch (Vollmilch)
40 g Stevia-Schokolade oder Bitterkuvertüre
10 g Kokosfett
Gehackte Pistazien oder Haselnüsse zum Bestreuen

Stücke:	*64, Ø 4 cm*
Vorbereitung:	*10 Minuten*
Backzeit:	*ca. 10 Minuten*
Pro Stück:	*ca. 25 kcal*

Ohne Ei	Milchfrei	Vegan
		✔

ZUBEREITUNG

1 Margarine, Öl, Stevia, Vanille und Kakao glatt rühren. Mehl und Mandeln vermengen, mit der Masse vermischen und Milch unterrühren.

2 Den Teig zu einer Kugel formen, Backblech mit Backpapier auslegen und kleine Stücke vom Teig nehmen. Ausrollen, ausstechen und im vorgeheizten Backofen bei 180 Grad ca. 10 Minuten backen. Auskühlen lassen.

3 Schokolade und Kokosfett im Wasserbad erwärmen, bis sie flüssig sind. Leicht auskühlen lassen. Eine Seite der Kekse in die Schokolade tunken und mit gehackten Pistazien oder Haselnüssen bestreuen.

Mandelküsschen

ZUTATEN

3 Eiweiß
1/2 Pkg. Sahnesteif
3 TL Stevia-Granulat
6 Tropfen Bittermandelöl
150 g gemahlene Mandeln
Gehobelte Mandeln zum Belegen

Stücke:	*35*
Vorbereitung:	*10 Minuten*
Backzeit:	*8 – 10 Minuten*
Pro Stück:	*ca. 26 kcal*

Ohne Ei	Milchfrei	Vegan
	✔	

ZUBEREITUNG

1 Eiweiß mit Sahnesteif zu Schnee schlagen und auf die Seite stellen. Mandeln, Stevia und Bittermandelöl vermischen und vorsichtig unter den Schnee heben.

2 Backblech mit Backpapier auslegen und mit einem kleinen Löffel Häppchen auf das Backblech setzen. Mit gehobelten Mandeln belegen und leicht andrücken. Im vorgeheizten Backofen bei 180 Grad ca. 8 bis 10 Minuten backen.

Pistazienstangen

ZUTATEN

70 g Pflanzenmargarine (Butter)
1 EL Öl
4 TL Stevia-Granulat
200 g Vollkorn-Dinkel- oder -Weizenmehl
60 g gemahlene Pistazien
2 EL Rum
30 ml Soja- oder Hafermilch (Vollmilch)
30 g Stevia-Schokolade oder Bitterkuvertüre
5 g Kokosfett
Gehackte Pistazien zum Bestreuen

Stücke:	*66, 7 x 2 cm*
Vorbereitung:	*10 Minuten*
Backzeit: ca.	*10 Minuten*
Pro Stück:	*ca. 26 kcal*

Ohne Ei	Milchfrei	Vegan
		✔

ZUBEREITUNG

1 Margarine, Öl und Stevia glatt rühren. Mehl und gemahlene Pistazien vermengen und mit der Masse vermischen. Rum und Sojamilch unterrühren, bis ein glatter Teig entsteht.

2 Kleine Stücke vom Teig nehmen, ausrollen und ca. 7 x 2 cm große Stangen ausstechen. Backblech mit Backpapier auslegen und im vorgeheizten Backofen bei 180 Grad ca. 10 Minuten backen und auskühlen lassen.

3 Schokolade und Kokosfett im Wasserbad erwärmen, bis sie flüssig sind. Anschließend beide Enden der Stangen in die Schokolade tunken und mit Pistazien bestreuen.

Kokosbusserln

ZUTATEN

100 g Kokosraspeln
1 – 2 TL Stevia-Granulat
Schale von 1/2 Zitrone
1 TL Zitronensaft
2 Eiweiß
1/2 Pkg. Sahnesteif

ZUBEREITUNG

1 Kokosraspeln, Stevia, Zitronenschale und -saft vermengen.

2 Eiweiß und Sahnesteif zu Schnee schlagen und vorsichtig mit den Kokosraspeln vermischen.

3 Backblech mit Backpapier auslegen. Mit einem Löffel kleine Busserln (Häufchen) formen und im vorgeheizten Backofen bei 180 Grad 8 bis 9 Minuten backen. Die Busserln sollen weich sein und eine leichte braune Farbe haben.

Stücke:	*22, Ø 4 cm*
Vorbereitung:	*10 Minuten*
Backzeit:	*8 – 9 Minuten*
Pro Stück:	*ca. 29 kcal*

Ohne Ei	Milchfrei	Vegan
	✔	

Mohnkipferln

ZUTATEN

60 g Pflanzenmargarine (Butter)
1 EL Mohnöl oder neutrales Öl
4 TL Stevia-Granulat
1 TL Bourbon-Vanillepulver
1/2 TL Zimtpulver
2 EL Rum
170 g Vollkorn-Weizen- oder -Dinkelmehl
80 g gemahlener Mohn
25 ml Sojamilch
20 g weiße Kuvertüre
5 g Kokosfett
Gemahlener Mohn oder Kokosraspeln zum Tunken

ZUBEREITUNG

1 Margarine, Öl, Stevia, Vanille, Zimt und Rum glatt rühren. Mehl und Mohn vermengen, mit der Teigmasse vermischen und Sojamilch unterrühren.

2 Backblech mit Backpapier auslegen. Kleine Stücke vom Teig nehmen, 5 mm dick ausrollen und mit einer Kipferlform ausstechen. Im vorgeheizten Backofen bei 180 Grad ca. 10 Minuten backen und auskühlen lassen.

3 Kuvertüre mit Kokosfett im Wasserbad erwärmen, bis sie flüssig sind. Die Kipferln an beiden Enden in die Schokolade, anschließend in Mohn oder in die Kokosraspeln tunken. Überschüssigen Mohn abklopfen.

Stücke:	*58*
Vorbereitung:	*10 Minuten*
Backzeit:	*ca. 10 Minuten*
Pro Stück:	*ca. 28 kcal*

Ohne Ei	Milchfrei	Vegan
✔		

Tipp: Statt in Kuvertüre kann man die Kipferln auch in Marmelade (Konfitüre) tunken.

Mohnknöpfe

ZUTATEN

50 g Butter
70 g gemahlener Mohn
100 g Vollkorn-Weizen- oder -Dinkelmehl
1/2 TL Bourbon-Vanillepulver
1/2 TL Zimtpulver
20 g gemahlene Mandeln
2 – 2 1/2 TL Stevia-Granulat
30 ml Voll- oder Sojamilch
Stevia-Schokolade zum Bestreichen
Kokosraspeln zum Bestreuen

ZUBEREITUNG

1 Butter erwärmen, bis sie flüssig ist. Auskühlen lassen. Mohn, Mehl, Vanille, Zimt, Mandeln und Stevia vermengen, anschließend flüssige Butter und Milch unterrühren und zu einem glatten Teig verkneten. 1 bis 2 Stunden in den Kühlschrank stellen.

2 Backblech mit Backpapier auslegen und gleichmäßige Stücke vom Teig nehmen, kleine Kugeln formen, leicht flachdrücken und im vorgeheizten Backofen bei 200 Grad 18 bis 20 Minuten backen. Auskühlen lassen, mit flüssiger Schokolade bestreichen und mit Kokosraspeln bestreuen.

Stücke:	*30*
Vorbereitung:	*10 Minuten*
Ruhezeit:	*2 Stunden*
Backzeit:	*18 – 20 Minuten*
Pro Stück:	*ca. 33 kcal*

Ohne Ei	Milchfrei	Vegan
✔		

Kokosstangen

ZUTATEN

50 g Kokosmus
30 g Pflanzenmargarine
2 – 3 TL Stevia-Granulat
Zitronenschale von 1/2 Zitrone
40 g Kokosraspeln
120 g Vollkorn-Weizenmehl
1 Ei
40 ml Kokosmilch
Marmelade zum Bestreichen
30 g Stevia-Schokolade
oder Bitterkuvertüre
10 g Kokosfett

Stücke:	*41*
Vorbereitung:	*10 Minuten*
Ruhezeit:	*1 – 2 Stunden*
Backzeit:	*7 – 8 Minuten*
Pro Stück:	*ca. 39 kcal*

Ohne Ei	Milchfrei	Vegan
	✔	

ZUBEREITUNG

1 Kokosmus, Margarine, Stevia und Zitronenschale glatt rühren. Kokosraspeln und Mehl vermengen, mit der Masse vermischen und Ei unterrühren. Zum Schluss Kokosmilch hinzufügen und verrühren.

2 Teig zu einer Kugel formen, in eine Klarsichtfolie wickeln und 1 bis 2 Stunden in den Kühlschrank stellen.

3 Backblech mit Backpapier auslegen. Kleine Stücke vom Teig nehmen, ausrollen und Stangen ausstechen. Kekse im vorgeheizten Backofen bei 190 Grad 7 bis 8 Minuten backen und auskühlen lassen.

4 Kuvertüre und Kokosfett im Wasserbad erwärmen, bis sie flüssig sind. Leicht auskühlen lassen. Stangen dünn mit Marmelade bestreichen und je 2 Kekse zusammensetzen. An beiden Enden in die Schokolade tunken.

Tipp: Falls Sie kein Kokosmus zur Verfügung haben (ist im Reformhaus und im Bio-Laden erhältlich), müssen Sie den Fettanteil im Teig erhöhen, deshalb 50 g mehr Pflanzenmargarine zufügen.

Nussbusserln

ZUTATEN

180 g gemahlene Walnüsse
2 TL Stevia-Granulat
1/2 TL Bourbon-Vanillepulver
1 Ei

ZUBEREITUNG

1 Alle Zutaten zu einem glatten Teig verrühren und 2 bis 3 Stunden in den Kühlschrank stellen.

2 Backblech mit Backpapier auslegen. Mit einem kleinen Löffel Busserln (Häufchen) formen und im vorgeheizten Backrohr bei 200 Grad ca. 8 Minuten backen.

Stücke:	*26*
Vorbereitung:	*5 Minuten*
Backzeit:	*ca. 8 Minuten*
Ruhezeit:	*2 – 3 Stunden*
Pro Stück:	*ca. 48 kcal*

Ohne Ei	Milchfrei	Vegan
	✔	

Tipp: Nach Belieben vor dem Backen mit einer halben Walnuss belegen.

Nussecken

ZUTATEN

60 g Butter
2 EL Nussöl oder neutrales Öl
2 – 3 TL Stevia-Granulat
2 EL Rum
170 g Vollkorn-Weizen- oder -Dinkelmehl
50 g gemahlene Walnüsse
3 EL Milch
Eiweiß zum Bestreichen
Nussstücke zum Belegen

Stücke:	*60*
Vorbereitung:	*15 Minuten*
Ruhezeit:	*1/2 Stunde*
Backzeit:	*10 – 12 Minuten*
Pro Stück:	*ca. 25 kcal*

Ohne Ei	Milchfrei	Vegan

ZUBEREITUNG

1 Butter, Öl, Stevia und Rum glatt rühren. Mehl und Nüsse vermengen, mit der Buttermasse vermischen und zum Schluss Milch unterrühren.

2 Teig zu einer Kugel formen, in eine Klarsichtfolie wickeln und 1/2 Stunde in den Kühlschrank stellen.

3 Backblech mit Backpapier auslegen und kleine Stücke vom Teig nehmen. Ausrollen, ausstechen, mit Eiweiß bestreichen und mit einem Nussstück belegen.

4 Im vorgeheizten Backofen bei 190 Grad 10 bis 12 Minuten backen.

Zimtsterne

ZUTATEN

70 g Pflanzenmargarine (Butter)
3 – 4 TL Stevia-Granulat
1 1/2 TL Zimtpulver
1/2 TL Bourbon-Vanillepulver
Schale von 1/4 Zitrone
1 Msp. Lebkuchengewürz
2 EL Rum
160 g Vollkorn-Dinkel- oder -Weizenmehl
35 g gemahlene Mandeln
1 TL Weinsteinbackpulver
50 ml Sojamilch

ZUBEREITUNG

1 Margarine, Stevia, Zimt, Vanille, Zitronenschale und Lebkuchengewürz glatt rühren und Rum unterrühren.

2 Mehl, Mandeln und Backpulver vermengen und mit der Buttermasse vermischen. Zum Schluss Sojamilch unterrühren, bis ein glatter Teig entsteht. 1 bis 2 Stunden in den Kühlschrank stellen.

3 Backblech mit Backpapier auslegen. Kleine Stücke vom Teig nehmen, vorsichtig ausrollen und Sterne ausstechen.

4 Im vorgeheizten Backofen bei 180 Grad 10 bis 12 Minuten backen und auskühlen lassen.

Stücke:	*86, Ø 4 cm*
Vorbereitung:	*20 Minuten*
Ruhezeit:	*1 – 2 Stunden*
Backzeit:	*10 – 12 Minuten*
Pro Stück:	*ca. 18 kcal*

Ohne Ei	Milchfrei	Vegan
		✔

Tipp: Nach dem Backen mit Zimt bestreuen. Man kann die Zimtsterne nach Belieben auch mit Stevia-Schokolade überziehen. Beachten Sie, dass sich dann die Kalorienangabe ändert.

Fruchtkekse

ZUTATEN

70 g Pflanzenmargarine (Butter)
3 – 4 TL Stevia-Granulat
Orangen- oder Zitronenschale
von 1/2 Orange oder Zitrone
3 EL Marillenmarmelade
(Aprikosenkonfitüre)
1 Eigelb
1 Ei
200 g Vollkorn-Weizen-
oder -Dinkelmehl
40 g gemahlene Haselnüsse
40 g Stevia-Schokolade oder
Bitterkuvertüre
10 g Kokosfett
Fein gehackte Trockenfrüchte
nach Wahl zum Belegen

Stücke:	*96, Ø 4 cm*
Vorbereitung:	*15 Minuten*
Backzeit:	*10 – 12 Minuten*
Pro Stück:	*ca. 21 kcal*

Ohne Ei	Milchfrei	Vegan
	✔	

ZUBEREITUNG

1 Margarine, Stevia, Orangenschale und Marmelade glatt rühren. Anschließend Eigelb und Ei unterrühren.

2 Mehl und Haselnüsse vermengen und mit der Masse vermischen. Teig zu einer Kugel formen, in eine Klarsichtfolie wickeln und 1 Stunde in den Kühlschrank stellen.

3 Backblech mit Backpapier auslegen. Kleine Stücke vom Teig nehmen, vorsichtig ausrollen und Kekse ausstechen. Im vorgeheizten Backofen bei 190 Grad 10 bis 12 Minuten backen und vollständig auskühlen lassen.

4 Schokolade und Kokosfett im Wasserbad erwärmen, bis sie flüssig sind. Kekse bestreichen oder kurz tunken und mit den Trockenfrüchten belegen.

Erdnuss-Cookies

ZUTATEN

100 g ungesüßtes Erdnussmus
1 EL Öl
120 g Vollkorn-Weizenmehl
30 ml Sojamilch
2 – 3 TL Stevia-Granulat
Sojamilch zum Bestreichen
Halbierte Erdnüsse zum Belegen

ZUBEREITUNG

1 Alle Zutaten zu einem glatten Teig verkneten. Teig gut zusammendrücken, in eine Klarsichtfolie wickeln und 1/2 Stunde in den Kühlschrank stellen.

2 Backblech mit Backpapier auslegen. Kleine Stücke vom Teig nehmen, mit der Hand flachdrücken, vorsichtig auswalken und ausstechen. Mit Sojamilch bestreichen, mit einer halben Erdnuss belegen und leicht andrücken.

3 Im vorgeheizten Backofen bei 200 Grad 8 bis 10 Minuten backen.

Stücke:	*40*
Vorbereitung:	*10 Minuten*
Ruhezeit:	*1/2 Stunde*
Backzeit:	*8 – 10 Minuten*
Pro Stück:	*ca. 28 kcal*

Ohne Ei	Milchfrei	Vegan
		✔

Tipp: Man kann statt Sojamilch auch Eiweiß zum Bestreichen der Cookies verwenden, das Rezept ist dann aber nicht mehr vegan.

Schokolademonde

ZUTATEN

30 g Stevia- oder Bitterschokolade
60 g Pflanzenmargarine (Butter)
2 EL Rum
190 g Vollkorn-Weizen- oder -Dinkelmehl
30 g gemahlene Mandeln
1 1/2 EL Kakaopulver
1/2 TL Bourbon-Vanillepulver
2 – 3 TL Stevia-Granulat
30 ml Soja- oder Hafermilch (Vollmilch)
30 g Stevia-Schokolade oder Bitterkuvertüre
10 g Kokosfett
Gehackte Haselnüsse oder Dekorkugeln (in Silber oder Gold) zum Bestreuen

Stücke:	*61, Mondform 7 cm*
Vorbereitung:	*20 Minuten*
Backzeit:	*ca. 12 Minuten*
Pro Stück:	*27 kcal*

Ohne Ei	Milchfrei	Vegan
		✔

ZUBEREITUNG

1 Schokolade und Margarine im Wasserbad erwärmen, bis sie flüssig sind. Rum unterrühren.

2 Mehl, Mandeln, Kakao, Vanille und Stevia vermengen, mit der Schokolademasse und Sojamilch vermischen. Anschließend den Teig zu einer Kugel formen. (Wenn der Teig zu trocken ist, 1 bis 2 EL Wasser oder Milch hinzufügen oder Hände mit kaltem Wasser befeuchten.)

3 Backblech mit Backpapier auslegen. Kleine Stücke vom Teig nehmen, ausrollen. Monde ausstechen und im vorgeheizten Backofen bei 180 Grad ca. 12 Minuten backen.

4 Schokolade und Kokosfett im Wasserbad erwärmen, bis sie flüssig sind. Leicht auskühlen lassen. Monde mit Schokolade bestreichen und mit Haselnüssen oder Dekorkugeln bestreuen.

Brotlaibchen

ZUTATEN

50 g Stevia- oder Bitterschokolade
3 Eier
75 g gemahlene Walnüsse
2 – 3 TL Stevia-Granulat
1/2 TL Bourbon-Vanillepulver
30 g Kokosraspeln
1/2 Pkg. Sahnesteif

ZUBEREITUNG

1 Schokolade fein raspeln, Eier trennen. Walnüsse, Stevia, Vanille, Kokosraspeln und Schokolade vermengen, anschließend Eigelb unterrühren.

2 Eiweiß mit Sahnesteif zu Schnee schlagen und die Masse unterheben, danach 1 Stunde in den Kühlschrank stellen.

3 Backblech mit Backpapier auslegen. Mit einem kleinen Löffel Teigkugeln abstechen und auf das Backblech setzen. Bei 180 Grad ca. 12 Minuten backen.

Stücke:	*40*
Vorbereitung:	*15 Minuten*
Backzeit:	*ca. 12 Minuten*
Ruhezeit:	*1 Stunde*
Pro Stück:	*ca. 28 kcal*

Ohne Ei	Milchfrei	Vegan
	✔	

Teegebäck

ZUTATEN

90 g Butter
4 – 5 TL Stevia-Granulat
1/2 TL Bourbon-Vanillepulver
1 Msp. Zitronenschale
230 g Vollkorn-Weizenmehl
1 Ei
20 ml Milch

ZUBEREITUNG

1 Butter, Stevia, Vanille und Zitronenschale glatt rühren, anschließend Mehl und Ei untermischen und zum Schluss Milch unterrühren. Teig zu einer Kugel formen und Arbeitsfläche mit etwas Mehl bestauben.

2 Backblech mit Backpapier auslegen. Kleine Stücke vom Teig nehmen, ausrollen und mit einer Musterform ausstechen. Im vorgeheizten Backofen bei 190 Grad 13 bis 15 Minuten backen.

Stücke:	*51, 6 x 4 cm*
Vorbereitung:	*10 Minuten*
Backzeit:	*13 – 15 Minuten*
Pro Stück:	*ca. 28 kcal*

Ohne Ei	Milchfrei	Vegan

Tipp: Nach Bedarf nach dem Backen mit flüssiger Butter bestreichen. Die Kekse bekommen einen leichten Glanz und einen feinen Buttergeschmack.

Haselnuss-Schoko-Cookies

ZUTATEN

60 g Pflanzenmargarine (Butter)
2 – 3 TL Stevia-Granulat
1 EL Haselnussöl oder neutrales Öl
1 TL Bourbon-Vanillepulver
170 g Vollkorn-Weizen- oder -Dinkelmehl
55 g gemahlene Haselnüsse
30 ml Sojamilch (Magermilch)
25 g backstabile Schokotröpfchen zum Belegen

ZUBEREITUNG

1 Margarine, Stevia, Öl und Vanillepulver glatt rühren. Mehl und Haselnüsse vermengen, mit der Masse vermischen und zum Schluss Milch unterrühren.

2 Den Teig zu einer Kugel formen, in eine Klarsichtfolie wickeln und 1 Stunde in den Kühlschrank stellen.

3 Backblech mit Backpapier auslegen. Kleine Stücke vom Teig nehmen, ausrollen und Kekse ausstechen. Die Kekse mit je 3 Stück Schokotröpfchen belegen, leicht andrücken und im vorgeheizten Backofen bei 180 Grad ca. 10 bis 12 Minuten backen.

Stücke:	*59, Ø 4 cm*
Vorbereitung:	*20 Minuten*
Backzeit:	*10 – 12 Minuten*
Ruhezeit:	*1 Stunde*
Pro Stück:	*ca. 25 kcal*

Ohne Ei	Milchfrei	Vegan
		✔

Orangenherzen

ZUTATEN

60 g Pflanzenmargarine (Butter)
1 EL Öl
Schale von 1 Orange
30 ml Orangensaft
3 – 4 TL Stevia-Granulat
3 EL Marillenlikör (Aprikosenlikör)
180 g Vollkorn-Weizen- oder -Dinkelmehl
50 g gemahlene Marillenkerne (Aprikosenkerne) oder Mandeln

ZUBEREITUNG

1 Margarine, Öl, Orangenschale und Stevia glatt rühren, anschließend Marillenlikör (Aprikosenlikör) unterrühren. Mehl und Marillenkerne (Aprikosenkerne) vermengen, mit der Teigmasse vermischen und mit Orangensaft zu einem glatten Teig verrühren.

2 Teig mit der Hand zu einer Kugel formen, in eine Klarsichtfolie wickeln und 20 bis 30 Minuten in den Kühlschrank stellen.

3 Backblech mit Backpapier auslegen und kleine Stücke vom Teig nehmen. Ausrollen, ausstechen und im vorgeheizten Backofen bei 180 Grad ca. 10 Minuten backen.

Stücke:	*50, Herzform 6 cm*
Vorbereitung:	*15 Minuten*
Ruhezeit:	*20 – 30 Minuten*
Backzeit:	*ca. 12 Minuten*
Pro Stück:	*ca. 26 kcal*

Ohne Ei	Milchfrei	Vegan
		✔

Tipp: Flüssige Schokolade in einen Spritzsack mit einer dünnen Tülle geben und über die Kekse Fäden ziehen. Sieht sehr dekorativ aus.

Spritzgebäck

ZUTATEN

4 Eiweiß
1 Pkg. Sahnesteif
100 g gemahlene Mandeln
40 g Vollkorn-Weizenmehl
4 – 5 TL Stevia-Granulat
1/2 TL Bourbon-Vanillepulver

ZUBEREITUNG

1 Eiweiß mit Sahnesteif zu Schnee schlagen. Mandeln, Mehl, Stevia und Vanille vermengen und unter den Eischnee heben.

2 Backblech mit Backpapier auslegen. Masse in einen Spritzsack mit großer gezackter Tülle füllen und beliebige Formen auf das Backpapier dressieren.

3 Im vorgeheizten Backofen bei 190 Grad 12 bis 14 Minuten backen.

Stücke:	*38*
Vorbereitung:	*10 Minuten*
Backzeit:	*12 – 14 Minuten*
Pro Stück:	*ca. 21 kcal*

Ohne Ei	Milchfrei	Vegan
	✔	

Mandelflorentiner

ZUTATEN

135 g Sojacreme
30 g Pflanzenmargarine (Butter)
1/2 TL Bourbon-Vanillepulver
2 TL Stevia-Granulat
30 g Vollkorn-Weizen- oder -Dinkelmehl
50 g Aranzini
85 g Mandelblättchen
5 g Kokosfett
20 g Stevia-Schokolade oder Bitterkuvertüre

ZUBEREITUNG

1 Sojacreme mit Margarine, Vanille und Stevia aufkochen lassen. Mehl, Aranzini und Mandelblättchen gut vermischen und einrühren. Unter weiterem Rühren kurz durchmischen, bis die Masse eindickt. Vom Herd nehmen.

2 Backblech mit Backpapier auslegen. Mit einem Löffel die noch heiße Masse portionsweise auf das Backblech setzen und leicht flach drücken.

3 Im vorgeheizten Backofen bei 190 Grad 13 bis 15 Minuten backen und vollständig auskühlen lassen.

4 Kokosfett und Schokolade im Wasserbad erwärmen, bis sie flüssig sind. Die Florentiner auf der Backseite damit bestreichen.

Stücke:	*25*
Vorbereitung:	*15 Minuten*
Backzeit:	*13 – 15 Minuten*
Pro Stück:	*ca. 48 kcal*

Ohne Ei	Milchfrei	Vegan
		✔

Pralinen & Konfekt

Marillenkonfekt

ZUTATEN

25 g Butter
70 g getrocknete, ungesüßte und ungeschwefelte Marillen (Aprikosen)
20 g gehackte Haselnüsse
35 g Vollkornbrösel (Paniermehl)
1/2 TL Bourbon-Vanillepulver
1 – 1 1/2 TL Stevia-Granulat
2 EL Marillenlikör (Aprikosenlikör)
30 g gehackte Haselnüsse zum Wälzen
Bunte Papierförmchen

Stücke:	*18*
Vorbereitung:	*10 Minuten*
Pro Stück:	*ca. 44 kcal*

Ohne Ei	Milchfrei	Vegan
✔		

ZUBEREITUNG

1 Butter erwärmen, bis sie flüssig ist. Leicht auskühlen lassen.

2 Marillen (Aprikosen) pürieren, mit der flüssigen Butter und den restlichen Zutaten vermischen. Teig zu einer Kugel formen, in eine Klarsichtfolie wickeln und 1 Stunde in den Kühlschrank stellen.

3 Hände mit kaltem Wasser befeuchten, gleichmäßige Kugeln formen und in den Haselnüssen wälzen. Anschließend in Papierförmchen setzen und kühl aufbewahren.

Haferflockenkonfekt

ZUTATEN

70 g ungesüßte Vollkorn-Haferflocken
25 g Butter
1 EL Rum
2 – 3 TL Stevia-Granulat
1/2 TL Bourbon-Vanillepulver
70 g Stevia- oder Bitterschokolade
20 g Kokosfett
1 EL gehackte Pinienkerne oder Haselnüsse
Konfektkapseln

ZUBEREITUNG

1. Haferflocken kurz rösten, Butter beimengen, bis sie flüssig ist, Rum untermischen. Auskühlen lassen, mit Stevia und Vanille verrühren.
2. Schokolade und Kokosfett im Wasserbad erwärmen, bis sie flüssig sind. Leicht auskühlen lassen. Anschließend mit Haferflocken und Pinienkernen vermischen.
3. Mit einem kleinen Löffel Masse in Konfektkapseln setzen, im Kühlschrank fest werden lassen und kühl aufbewahren.

Stücke:	*21*
Vorbereitung:	*15 Minuten*
Pro Stück:	*ca. 45 kcal*

Ohne Ei	Milchfrei	Vegan
✔		

Mandelsplitter

ZUTATEN

50 g Mandelstifte
25 g ungesüßte Vollkorn-Haferflocken
1 1/2 TL Stevia-Granulat
40 g Butter
30 g weiße Kuvertüre
15 g Kokosfett
Papierförmchen

ZUBEREITUNG

1 Mandelstifte und Haferflocken mit Stevia vermengen und in einer Pfanne ohne Fett kurz rösten. Butter untermischen, bis sie aufgelöst ist.

2 Kuvertüre mit Kokosfett im Wasserbad erwärmen, bis sie flüssig sind. Mit der Masse vermischen.

3 Mit einem kleinen Löffel die Masse in Papierförmchen setzen, im Kühlschrank fest werden lassen und kühl aufbewahren.

Stücke:	*20*
Vorbereitung:	*10 Minuten*
Pro Stück:	*ca. 44 kcal*

Ohne Ei	Milchfrei	Vegan
✔		

Trockenfrüchte mit Stevia-Schokolade

ZUTATEN

100 g getrocknete, ungesüßte Marillen (Aprikosen)
100 g ungesüßte Dörrpflaumen
100 g ungesüßte Datteln
50 ml Rum
50 ml Marillenlikör (Aprikosenlikör)
50 ml Weinbrand
30 g Stevia- oder Bitterschokolade
10 g Kokosfett

ZUBEREITUNG

1 Marillen (Aprikosen) mit Marillenlikör (Aprikosenlikör), Dörrpflaumen mit Rum und Datteln mit Weinbrand verschlossen über Nacht ziehen lassen.

2 Schokolade mit Kokosfett im Wasserbad erwärmen, bis sie flüssig sind. Leicht auskühlen lassen.

3 Die Früchte in der flüssigen Schokolade tunken, auf ein Backpapier setzen und fest werden lassen. Kühl aufbewahren.

Benötigt eine längere Vorbereitungszeit.

Stücke:	*36*
Vorbereitung:	*10 Minuten*
Ruhezeit:	*24 Stunden*
Pro Stück:	*ca. 34 kcal*

Ohne Ei	Milchfrei	Vegan
		✔

Nougatpralinen

ZUTATEN

30 g Stevia- oder Bitterschokolade
30 g Butter
85 g gemahlene Haselnüsse
3 TL Stevia-Granulat
70 g ungesüßtes Haselnussmus
1 EL Rum
Schokoblättchen oder Schokostreusel zum Wälzen
Papierförmchen

ZUBEREITUNG

1 Schokolade und Butter im Wasserbad erwärmen, bis sie flüssig sind. Haselnüsse und Stevia vermengen und mit der Schokolade vermischen. Anschließend Haselnussmus und Rum unterrühren und 1 bis 1 1/2 Stunden in den Kühlschrank stellen.

2 Hände mit kaltem Wasser befeuchten, aus der Masse gleichmäßige Kugeln formen und in den Sckokoblättchen wälzen. In Papierförmchen setzen und kühl aufbewahren.

Stücke:	*26*
Vorbereitung:	*20 Minuten*
Ruhezeit:	*1 – 2 Stunden*
Pro Stück:	*ca. 50 kcal*

Ohne Ei	Milchfrei	Vegan
✔		

Maronikonfekt

ZUTATEN

125 g ungesüßter Kastanienreis (Tiefkühlware)
3 TL Stevia-Granulat
1/2 TL Bourbon-Vanillepulver
30 g Stevia-Schokolade oder Bitterkuvertüre
10 g Kokosfett
Sckokoladeherzen zum Belegen

Stücke:	*27, 2 x 2 cm*
Vorbereitung:	*10 Minuten*
Pro Stück:	*ca. 33 kcal*

Ohne Ei	Milchfrei	Vegan
		✔

ZUBEREITUNG

1 Kastanienreis, Stevia, Vanille und Schokolade vermischen, pürieren und eine Kugel formen. Anschließend die Masse mit der Hand flach drücken, vorsichtig ca. 5 mm dick ausrollen und Vierecke ausstechen.

2 Schokolade und Kokosfett im Wasserbad erwärmen, bis sie flüssig sind. Die ausgestochenen Vierecke (= Maroni) kurz in die Schokolade tunken und auf ein Gitter oder Backpapier legen. Mit einem Schokoherz belegen und auskühlen lassen. Im Kühlschrank aufbewahren.

Italienische Trüffel

ZUTATEN

90 g Stevia- oder Bitterschokolade
30 g Butter
3 1/2 EL Amaretto
85 g gemahlene Mandeln
2 TL Stevia-Granulat
1 EL Mandelmus
Kakao zum Wälzen
Papierförmchen

ZUBEREITUNG

1 Schokolade und Butter im Wasserbad erwärmen, bis sie flüssig sind. Etwas auskühlen lassen und mit Amaretto vermischen.

2 Mandeln mit Stevia vermengen und mit der Schokolademasse verrühren. Zum Schluss Mandelmus untermischen.

3 Die Masse im Kühlschrank 20 bis 30 Minuten nicht zu fest werden lassen, sodass man leicht Kugeln formen kann. In Kakao wälzen und in Papierförmchen setzen. Kühl aufbewahren.

Stücke:	*28*
Vorbereitung:	*10 Minuten*
Ruhezeit:	*20 – 30 Minuten*
Pro Stück:	*ca. 46 kcal*

Ohne Ei	Milchfrei	Vegan
✔		

Mokkakonfekt

ZUTATEN

50 g ungesüßter Vollkorn-Dinkelzwieback
30 g gemahlene Mandeln
50 ml schwarzer Kaffee
2 EL Whisky oder Rum
3 – 4 TL Stevia-Granulat
1 TL Bourbon-Vanillepulver
60 g Stevia- oder Bitterschokolade
30 g Butter
40 g weiße Kuvertüre
10 g Kokosfett
Schoko-Kaffeebohnen zum Belegen
Papierförmchen

Stücke:	*27*
Vorbereitung:	*25 Minuten*
Ruhezeit:	*2 – 3 Stunden*
Pro Stück:	*ca. 43 kcal*

Ohne Ei	Milchfrei	Vegan
✔		

ZUBEREITUNG

1 Zwieback fein zerbröseln und mit Mandeln vermengen. Kaffee, Rum oder Whisky, Stevia und Vanille verrühren und die Trockenmasse damit übergießen.

2 Schokolade und Butter im Wasserbad erwärmen, bis sie flüssig sind. Mit der Masse vermischen. 2 bis 3 Stunden in den Kühlschrank stellen.

3 Kuvertüre und Kokosfett im Wasserbad erwärmen, bis sie flüssig sind. Leicht auskühlen lassen.

4 Aus der Mokkamasse kleine Kugeln formen, in die Schokolade tunken und in Papierförmchen setzen. Mit einer Schoko-Kaffeebohne belegen und im Kühlschrank aufbewahren.

Marzipanpralinen mit Cranberrys

ZUTATEN

15 g getrocknete, ungesüßte Cranberrys
100 g weißes, ungesüßtes Mandelmus
2 – 3 TL Stevia-Granulat
2 EL Kirschlikör
25 g geschälte, gemahlene Mandeln
4 – 6 Tropfen Bittermandelöl
25 g Stevia-Schokolade oder Bitterkuvertüre
5 g Kokosfett
Halbierte Cranberrys zum Belegen
Papierförmchen

Stücke:	*20*
Vorbereitung:	*15 Minuten*
Ruhezeit:	*1 – 2 Stunden*
Pro Stück:	*ca. 48 kcal*

Ohne Ei	Milchfrei	Vegan
		✔

ZUBEREITUNG

1 Cranberrys fein hacken.

2 Mandelmus, Stevia, Kirschlikör, Mandeln und Mandelöl vermischen. Zum Schluss die Cranberrys in die Masse einarbeiten. 1 bis 2 Stunden in den Kühlschrank stellen.

3 Kuvertüre und Kokosfett im Wasserbad erwärmen, bis sie flüssig sind.

4 Aus der Marzipanmasse Kugeln formen, in die Kuvertüre tunken, in Papierförmchen setzen und mit einer halbierten Cranberry belegen. Im Kühlschrank fest werden lassen und kühl aufbewahren.

Rumkugeln

ZUTATEN

9 Stück getrocknete, ungesüßte Pflaumen – mit Rum marinieren
60 g Vollkorn-Dinkelzwieback
25 g Kokosraspeln
30 g gemahlene Mandeln
2 TL Stevia-Granulat
1/4 TL Zimtpulver
1/2 TL Bourbon-Vanillepulver
1 EL Kakao
40 ml Rum – von den marinierten Pflaumen verwenden
Kokosraspeln, Kakao oder gehackte Haselnusse zum Wälzen
Papierförmchen

Stücke:	*27*
Vorbereitung:	*10 Minuten*
Ruhezeit:	*1 – 2 Stunden*
Pro Stück:	*ca. 35 kcal*

Ohne Ei	Milchfrei	Vegan
		✔

ZUBEREITUNG

1 Pflaumen mit Rum bedecken und 4 bis 5 Stunden zugedeckt ziehen lassen.

2 Zwieback zerbröseln, mit Kokosraspeln, Mandeln, Stevia, Zimt, Vanille und Kakao vermengen.

3 Pflaumen mit 40 ml Rum pürieren, mit der Masse vermischen, bis ein geschmeidiger Teig entsteht.

4 1 bis 2 Stunden in den Kühlschrank stellen. Anschließend Kugeln formen und in Kokosraspeln, Kakao oder in Haselnüssen wälzen. In Papierförmchen setzen und kühl aufbewahren.

Tipp: Nach Belieben die Rumkugeln in flüssiger Schokolade tunken. Pflaumen kann man bis zu 3 Tage in Rum marinieren.

Schneebälle

ZUTATEN

80 g Vollkornbrösel (Paniermehl)
100 g geschälte, gemahlene Mandeln
20 g weißes Mandelmus
2 TL Stevia-Granulat
20 g Macadamianussöl oder neutrales Öl
1 EL Rum
50 ml Sojamilch
30 g Kokosraspeln zum Wälzen
Papierförmchen

Stücke:	*35*
Vorbereitung:	*5 Minuten*
Pro Stück:	*ca. 38 kcal*

Ohne Ei	Milchfrei	Vegan
		✔

ZUBEREITUNG

1 Brösel (Paniermehl), Mandeln, Mandelmus, Stevia, Öl, Rum und Milch vermengen. Zu kleinen Kugeln formen.

2 Kugeln in Kokosraspeln wälzen, in Papierförmchen setzen und kühl aufbewahren.

Weihnachts-kuchen

Adventmuffins

ZUTATEN

2 Eier
60 g Butter
120 g Magertopfen (Magerquark)
4 TL Stevia-Granulat
1/2 TL Bourbon-Vanillepulver
1 TL Zimtpulver
1 1/2 TL Lebkuchengewürz
200 g ungesüßtes Apfelmus
200 g Vollkorn-Emmer- oder -Dinkelmehl
1/2 Pkg. Weinsteinbackpulver
Aranzini zum Bestreuen

ZUBEREITUNG

1 Butter erwärmen, bis sie flüssig ist. Etwas auskühlen lassen.

2 Eier trennen und Eiweiß auf die Seite stellen. Topfen (Quark), Eigelb, Stevia, Vanille, Zimt und Lebkuchengewürz schaumig rühren und Apfelmus langsam unterrühren.

3 Mehl und Backpulver vermengen, mit der Teigmasse vermischen und steif geschlagenes Eiweiß unterheben. In Muffinsförmchen füllen, mit Aranzini bestreuen und leicht andrücken.

4 Im vorgeheizten Backofen bei 180 Grad 35 bis 40 Minuten backen.

Stücke:	*10*
Vorbereitung:	*15 Minuten*
Backzeit:	*35 – 40 Minuten*
Pro Stück:	*ca. 132 kcal*

Ohne Ei	Milchfrei	Vegan

Christstollen

ZUTATEN

2 Pkg. (42 g) Trockenhefe
50 ml Wasser
250 g Vollkorn-Weizen- oder -Dinkelmehl
1/2 TL Zimtpulver
1 Msp. Kardamom
1 Msp. Nelkenpulver
1 TL Bourbon-Vanillepulver
4 – 5 TL Stevia-Granulat
Schale von 1 Zitrone
90 g Butter
90 g Topfen (Quark), 10 % Fett
1 Ei
Gehobelte Mandeln zum Bestreuen der Backform

Früchtemischung:
50 g Rosinen
50 g Aranzini
2 EL Rum
60 g gehackte Nüsse
30 g gehackte Mandeln
Butter zum Bestreichen

ZUBEREITUNG

1 Hefe im warmen Wasser auflösen. Mehl, Zimt, Kardamom, Nelke, Vanille, Stevia und Zitronenschale vermengen und Hefe untermischen.

2 Anschließend kleine Stücke von der Butter, den Topfen (Quark) und das Ei in die Mehlmenge einarbeiten und 10 Minuten in der Küchenmaschine zu einem glatten Teig verkneten.

3 Rosinen und Aranzini mit Rum vermischen und kurz vor Ende des Knetvorganges Früchtemischung, Mandeln und Nüsse untermischen.

4 In eine befettete Kastenform füllen, mit gehobelten Mandeln bestreuen und 1 1/2 Stunden zugedeckt gehen lassen.

5 Anschließend im vorgeheizten Backofen bei 180 Grad ca. 45 Minuten backen. Noch heiß mit Butter bestreichen.

Stücke:	*14*
Vorbereitung:	*25 Minuten*
Ruhezeit:	*1 1/2 Stunden*
Backzeit:	*ca. 45 Minuten*
Form:	*Kastenform 26 cm*
Pro Stück:	*ca. 168 kcal*

Ohne Ei	Milchfrei	Vegan

Lebkuchenwürfel mit Schokoguss

ZUTATEN

50 g gemahlene Walnüsse
200 g Vollkorn-Dinkelmehl
1 EL Kakao
2 EL Lebkuchengewürz
1 TL Bourbon-Vanillepulver
Orangenschale von 1 Orange
oder 6 – 8 Tropfen Orangenöl
1 Pkg. Weinsteinbackpulver
5 TL Stevia-Granulat
5 EL Nussöl oder neutrales Öl
2 EL Rum
2 Eier
50 ml Milch
Marmelade (Konfitüre) zum Bestreichen
40 g Stevia-Schokolade oder Bitterkuvertüre
15 g Kokosfett
2 EL gehackte Haselnüsse zum Bestreuen

Stücke:	*25*
Vorbereitung:	*20 Minuten*
Backzeit:	*ca. 45 Minuten*
Form:	*Springform eckig 24 x 24 cm*
Pro Stück:	*ca. 70 kcal*

Ohne Ei	Milchfrei	Vegan

ZUBEREITUNG

1 Nüsse, Mehl, Kakao, Lebkuchengewürz, Vanille, Orangenschale, Backpulver und Stevia vermischen. Anschließend Öl, Rum und Eier unterrühren. Zum Schluss mit der Milch vermengen, bis ein glatter Teig entsteht.

2 In eine befettete Springform füllen, gleichmäßig verteilen und glatt streichen.

3 Im vorgeheizten Backofen bei 180 Grad ca. 45 Minuten backen und auskühlen lassen. Anschließend mit Marmelade (Konfitüre) bestreichen.

4 Kuvertüre und Kokosfett im Wasserbad erwärmen, bis sie flüssig sind.

5 Lebkuchen mit der Schokolade überziehen und mit Haselnüssen bestreuen. Auskühlen lassen und in Würfel schneiden.

Nikoloschnitten

ZUTATEN

3 Eier
30 g Butter
30 g Stevia- oder Bitterschokolade
85 g Magertopfen (Magerquark)
90 g ungesüßtes Mandelmus
3 EL Mandelöl oder neutrales Öl
1 TL Bourbon-Vanillepulver
4 – 5 TL Stevia-Granulat
3 EL Amaretto
130 g Vollkorn-Emmer- oder -Dinkelmehl
50 g gemahlene Mandeln
1 Pkg. Weinsteinbackpulver

Creme:

160 g Sojasahne
50 g Mandelmus
30 g gemahlene Mandeln
Schokostreuseln zum Bestreuen

Stücke:	*20*
Vorbereitung:	*20 Minuten*
Form:	*Springform eckig 24 x 24 cm*
Backzeit:	*ca. 40 Minuten*
Pro Stück:	*ca. 145 kcal*

Ohne Ei	Milchfrei	Vegan

ZUBEREITUNG

Für den Kuchenboden:

1 Eier trennen, Eiweiß zu Schnee schlagen und auf die Seite stellen. Butter mit Schokolade erwärmen, bis sie flüssig sind. Leicht auskühlen lassen.

2 Topfen (Quark), Eigelb, Mandelmus, Öl, Vanille, Stevia und Amaretto schaumig rühren, anschließend flüssige Schokolade unterrühren.

3 Mehl, Mandeln und Backpulver vermengen und mit der Teigmasse vermischen. Anschließend steif geschlagenes Eiweiß unterheben.

4 Im vorgeheizten Backofen bei 180 Grad ca. 40 Minuten backen. Auskühlen lassen.

Für die Creme:

1 Sojasahne schlagen und auf die Seite stellen. Mandelmus glatt rühren, mit der Sojasahne vermengen und Mandeln untermischen.

2 Anschließend Masse gleichmäßig auf dem Kuchenboden verteilen und mit Schokostreuseln bestreuen.

3 Kuchen in Schnitten schneiden.

Weihnachtsgugelhupf

ZUTATEN

4 Eier
70 g Butter
2 EL Nussöl oder neutrales Öl
130 g Magertopfen (Magerquark)
1 TL Bourbon-Vanillepulver
1 TL Zimtpulver
1 Msp. Muskatnuss
1 TL Lebkuchengewürz
Schale von 1 Orange
3 EL Marillenlikör (Aprikosenlikör) oder Rum
30 g Sojacreme
130 g Vollkorn-Einkorn- oder Dinkelmehl
50 g gemahlene Mandeln
1 Pkg. Weinsteinbackpulver
25 g Aranzini oder Rosinen

Stücke:	*16*
Vorbereitung:	*20 Minuten*
Form:	*Gugelhupf, Ø 22 cm*
Backzeit:	*ca. 40 Minuten*
Pro Stück:	*ca. 123 kcal*

Ohne Ei	Milchfrei	Vegan

ZUBEREITUNG

1 Eier trennen, Eiweiß zu Schnee schlagen und auf die Seite stellen. Butter, Öl, Topfen (Quark), Vanille, Zimt, Muskatnuss, Lebkuchengewürz und Orangenschale schaumig rühren. Anschließend Eigelb, Marillenlikör (Aprikosenlikör) bzw. Rum und Sojacreme unterrühren.

2 Mehl, Mandeln, Aranzini bzw. Rosinen und Backpulver vermengen, mit der Teigmasse vermischen und das steif geschlagene Eiweiß unterheben.

3 In eine Gugelhupfform füllen und im vorgeheizten Backofen bei 180 Grad ca. 40 Minuten backen.

Tipp: Flüssige Schokolade in einen Spritzsack mit einer dünnen Tülle geben und über den Gugelhupf Fäden ziehen. Mit Mandelblättchen bestreuen.

Früchtebrot

ZUTATEN

100 g ungesüßte, ungeschwefelte Trockenfrüchte nach Wahl
210 g Vollkorn-Einkorn- oder -Dinkelmehl
1 Pkg. Weinsteinbackpulver
1 EL (8 g) Johannisbrotkernmehl
3 TL Stevia-Granulat
50 g gemahlene Mandeln
10 g Pistazien
30 g Rosinen
2 TL Blütenmischung (muss nicht verwendet werden)
1 TL Lebkuchengewürz
Schale von 1 Zitrone
60 ml Nussöl oder neutrales Öl
230 ml Hafer- oder Sojamilch

Stücke:	*14*
Vorbereitung:	*10 Minuten*
Backzeit:	*50 – 55 Minuten*
Form:	*Kastenform, 24 cm*
Pro Stück:	*ca. 140 kcal*

Ohne Ei	Milchfrei	Vegan
		✔

ZUBEREITUNG

1 Trockenfrüchte fein hacken.

2 Anschließend alle Zutaten, außer Öl und Hafermilch, vermischen. Zum Schluss Öl und Hafermilch dazugeben und zu einem glatten Teig verrühren.

3 Teig in eine Kastenform füllen und im vorgeheizten Backofen bei 180 Grad 50 bis 55 Minuten backen.

Tipp: Johannisbrotkernmehl ist ein Bindemittel, geschmacksneutral, ohne Kalorien und dient als Ei-Ersatz. Sie bekommen es im Reformhaus und im Bio-Laden.

Produktübersicht

Die Produkte sind größtenteils in gut sortierten Supermärkten erhältlich, einige im Bio-Laden und Reformhaus.

Aprikosenkerne	Werden bei Aprikosenkeksen verwendet und dienen auch als Ersatz von Nüssen und Mandeln bei Allergien.
Backpulver	Weinsteinbackpulver, phosphatfrei.
Bourbon-Vanillepulver	Dabei handelt es sich um gemahlene Vanilleschoten.
Butter	Verwendet wird in den Rezepten Bio-Butter.
Eier	Bio-Eier oder Freilandeier bevorzugen.
Getreide	+ **Dinkel:** Wird von den meisten Menschen gut vertragen. + **Emmer und Einkorn:** Sind eine Alternative zu Dinkel. + **Hirse:** Kann man anstelle von Mehl einsetzen. + **Weizen:** Gut geeignet für Kleingebäck.
Kakao	Kakaopulver, ungesüßt.
Kokosmilch	Light oder 15 % Fett, dient als Flüssigkeitszusatz.
Kokosmus	100%, ungesüßt – Geschmacksträger für Kokosplätzchen, kann durch Butter oder Margarine ersetzt werden.
Mandelmus	100 %, ungesüßt, hell und dunkel erhältlich.
Marmeladen, Konfitüren, Fruchtmus	Zuckerfrei, wurden für meine Rezepte selbst zubereitet.
Milch	Vollmilch 1,5 bis 3,6 % Fett, Soja-, Mandel- oder verschiedene Getreidemilchsorten, dient als Flüssigkeitszusatz.
Nüsse	Mandeln, Walnüsse, Haselnüsse oder Aprikosenkerne.
Öl	Hochwertiges neutrales Sonnenblumen- oder Nussöl.
Orangen	Unbehandelte Früchte bevorzugen.
Pflanzenmargarine	Hochwertige, aus dem Bio-Laden oder Reformhaus.

Reissirup	Wurde in einigen Rezepten als Süßungsmittel eingesetzt, da er keine Fruktose enthält. Ist wie Honig zu verwenden, hat eine milde, nicht zu intensive Süßkraft.
Rosinen	Ungeschwefelt, ungesüßt, aus dem Bio-Laden oder Reformhaus.
Sahnesteif, Sahnestandmittel	Produkt aus modifizierter Stärke, Traubenzucker und verschiedenen Hilfsstoffen. Es wird verwendet, um dem Eischnee beim Schlagen ein festeres Gerüst zu geben und die Stabilität zu erhöhen.
Schokolade	Hochwertige Bitterschokolade (60 bis 80 %), Milchschokolade, ungezuckerte Kochschokolade, Soja-Schokolade oder Kuvertüre.
Stevia-Schokolade	Inzwischen werden im Handel verschiedene Stevia-Schokoladen angeboten. Ich habe in meinen Rezepten Stevia-Schokolade verwendet, die mit Bitterschokolade (70 %) geschmacklich vergleichbar ist. Man kann Stevia-Schokolade auch essen.
Soja-Creme	15 % Fett oder „light" mit nur 5 % Fett. Als „Soja-Cuisine" oder „Soja-Dream" erhältlich. Wird als Alternative zu Butter und Öl verwendet.
Soja-Sahne	Mit nur 11 % Fett eignet sie sich hervorragend für Desserts, als Ersatz für Schlagobers (Schlagsahne) und zur Kalorienreduzierung. Auch als Soja-Schlagcreme erhältlich. Probieren Sie die verschiedenen Produkte aus und greifen Sie zu jener Soja-Sahne, die sich am besten schlagen lässt. Hier gibt es sehr große Unterschiede.
Stevia-Granulat	Enthält keine Kalorien, ist gut zu dosieren. Zum Nachsüßen mit 1/2 bis 1 TL beginnen. Es ist auch möglich, nur mit Stevia zu süßen.
Topfen (Quark)	1 bis 20 % Fett, dient als Fettersatz.
Trockenfrüchte	Ungeschwefelt und ungesüßt.
Trockenhefe	Ohne Emulgatoren, aus dem Bio-Laden oder Reformhaus.
Zitronat	Zitronenschale, ohne Zusatz von Zucker, Farb- und Konservierungsstoffen.
Zitronen	Unbehandelt.

BestConcepts

KUR-und THERAPIEPRODUKTE

STEVIA
CHARANTEA
NATUR-KUREN
FLOHSAMEN
NATURSALZ
BIO-LEINDOTTERÖL
BIO-KÜRBISKERNÖL
KRILLÖL
BASENMISCHUNG
SCHOKOLADE
BIO-KAUGUMMI

A-7222 Rohrbach
Burgenland, Österreich
Fax: +43 2626 64047
Tel: +43 676 538 528 6

www.bestconcepts.at
office@bestconcepts.at